AF479996

PEQUEÑO GENIO DEL AJEDREZ

Mi primer libro de ajedrez

para niños

Pavel Ganchev

Índice

Introducción

¡Hola, pequeños genios del ajedrez!

En tus manos tienes un libro lleno de magia y diversión, juntos vamos a descubrir este increíble juego, comencemos a aprender y a divertirnos.

El ajedrez es como un enorme puzzle con piezas especiales, con piezas mágicas que recorren el tablero de un modo especial. Debes intentar capturar al rey de tu oponente y, para eso, todas tus piezas te van a ayudar.

No sólo vamos a conocer a la reina, las torres, los alfiles, los caballos, los peones y al rey, también vamos a descubrir cómo pueden ayudarnos a ganar una partida de ajedrez.

Para esto, nos vamos a entrenar en el arte de planificar jugadas, de proteger nuestras piezas y de buscar todas las oportunidades posibles para ganar. ¡Así vamos a ser los maestros del tablero!

Este interesante juego desarrolla nuestro pensamiento y lo dirige hacia la inteligente toma de decisiones, algo muy importante para cada aspecto de nuestra vida.

¡Comencemos a aprender a jugar ajedrez! Vamos a divertirnos, no importa si ganamos o si perdemos, lo importante es disfrutar de cada partida y aprender algo nuevo en cada una de ellas.

¡Es hora de comenzar! Busca tu tablero y tus piezas y prepara todo para descubrir nuevos y emocionantes desafíos.

Capítulo 1

El maravilloso mundo del ajedrez

¡Te doy la bienvenida al mágico mundo que estás por descubrir!

En este capítulo, vamos a conocer qué es el ajedrez, cuál es su historia y cuales son los beneficios que tendremos al jugarlo.

Descubriremos un maravilloso juego con un simple tablero cuadriculado y unas piezas especiales, que nos harán pasar muchas horas de sano entretenimiento y grandes aprendizajes.

1.1. ¿Qué es el ajedrez?

El ajedrez es un emocionante y divertido juego, el cual consta de un tablero cuadriculado, con casillas de colores blanco y negro, en donde se mueven de forma especial nuestras piezas y las de nuestro oponente.

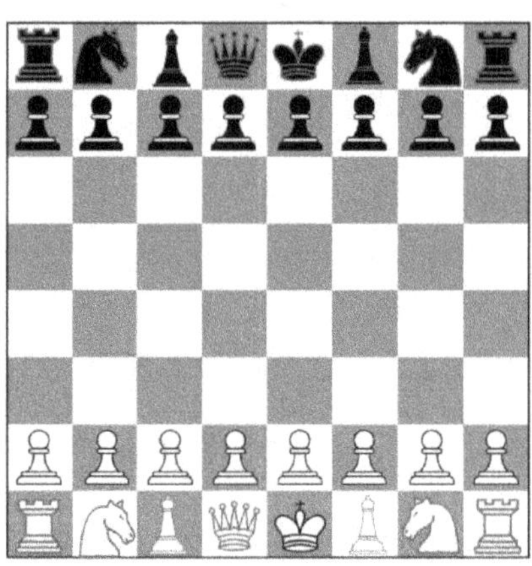

Cada uno de los dos jugadores se enfrentan con el mismo ejército y cantidad de piezas, es decir, cada uno tiene un ejército de 16 piezas que incluyen:

- 1 Rey.
- 1 Reina.
- 2 Torres.
- 2 Alfiles.
- 2 Caballos
- 8 Peones.

El objetivo del juego es proteger a nuestro rey de los ataques del otro jugador mientras intentamos capturar a su rey. Dicho en otras palabras, el ganador de la partida es el primero que logra dar jaque mate al rey contrario.

En el ajedrez hay tres tipos de resultados posibles: victoria, empate y derrota. Te los comento un poco ahora y, en el transcurso del libro, los describiré con un poco más detalle:

1. Victoria: ocurre cuando un jugador da jaque mate al rey del oponente. Cuando esto sucede, el jugador que da jaque mate gana la partida. Es como si hubiera logrado atrapar al rey de su adversario.

2. Empate o "Tablas": ocurre cuando ninguno de los dos jugadores logra la victoria o es derrotado. Hay varios tipos de empate:

a. Ahogado: ocurre cuando un jugador no tiene más movimientos disponibles y su rey no está en jaque. Es como si hubiera escapado de ser capturado, aún sin tener movimientos disponibles.

b. Triple repetición: ocurre cuando la misma posición se repite tres veces. Esto significa que los jugadores han repetido una serie de movimientos y no logran cambios en la partida.

c. Regla de los 50 movimientos: ocurre cuando no hay captura de piezas ni movimiento de peones durante 50 movimientos consecutivos.

d. Acuerdo mutuo: ocurre cuando ambos jugadores acuerdan el empate.

3. Derrota: un jugador pierde cuando su oponente le hace jaque mate a su rey. Esto significa que su rey no puede

moverse a ninguna casilla que no esté amenazada por una ficha del rival.

En el ajedrez, las victorias y las derrotas forman parte del juego, cada resultado nos dará una valiosa oportunidad para aprender nuevas tácticas, mejorar nuestro juego y disfrutar cada partida.

Como habrás imaginado, este es un juego de estrategia, que requiere de planificación, ya que para anticipar las jugadas de nuestro contrincante, es necesario pensar cada uno de nuestros movimientos y anticipar cuál será la respuesta del otro jugador.

Hay jugadas que podemos hacer para atacar y capturar las piezas de nuestro oponente, pero también es necesario hacer movimientos estratégicos para defender nuestras propias piezas.

1.2. Breve historia del ajedrez

El ajedrez es muy antiguo, lo han jugado millones de personas de todo el mundo durante cientos de años.

Se estima que tiene más de mil años, comenzó en la India en el siglo VI d.c en el Valle del Indo y se llamaba Chaturanga o juego del ejército.

Con el tiempo, se extendió a otros países, y tuvo cambios y modificaciones en su forma de jugar y reglas, pero siempre ha sido muy divertido.

Es por esto que, a lo largo de la historia, se ha convertido en un juego muy popular. Muchas personas lo juegan y grandes campeones se han dedicado al ajedrez a tiempo completo.

Hoy en día el ajedrez es un juego universal, es jugado en todo el mundo e, incluso, hay competiciones y torneos internacionales para encontrar a los mejores ajedrecistas.

En la siguiente sección, vamos a descubrir todos los beneficios que podemos obtener al jugar ajedrez.

1.3. Los beneficios de jugar ajedrez

Jugar al ajedrez ayuda a ejercitar la memoria de grandes y pequeños. También, gracias a jugarlo a menudo, nos concentramos mejor y nos ayuda a tener más paciencia.

También desarrolla nuestra habilidad para resolver problemas, ya que nos obliga a pensar en varias estrategias para enfrentar a nuestro oponente, defender nuestras piezas y encontrar la fórmula para ganar.

Esto nos ayuda a ser creativos y a descubrir soluciones alternativas en diferentes situaciones, lo que, a su vez, fortalece nuestro pensamiento crítico, lo cual nos será muy útil en muchos aspectos de nuestra vida.

Por otra parte, es una agradable forma de desarrollar nuestra confianza y autoestima, a la vez que socializamos jugando con amigos, familiares, participando en torneos y conociendo a otros jugadores.

Por último, aprender a jugar ajedrez nos permite:

1. Elevar nuestro cociente intelectual.

2. Mejorar nuestro razonamiento matemático.
3. Potenciar nuestra memoria.
4. Desarrollar nuestra capacidad de análisis y síntesis.
5. Planificar y tomar previsiones para decidir de forma estratégica.
6. Disfrutar de una actividad divertida.

En este primer capítulo, hemos aprendido qué es el ajedrez, su historia y algunos de sus beneficios. Ahora vamos a prepararnos para jugar.

¡La diversión acaba de empezar!

Capítulo 2.

Preparándonos para jugar

En este capítulo vamos a conocer la información más importante para comenzar a jugar y prepararnos para convertirnos en verdaderos expertos del ajedrez.

Aprenderemos todo acerca del tablero, las piezas y sus movimientos característicos, cómo colocar las piezas en el tablero al inicio de cada partida para formar un ejército poderoso para defender a nuestro rey y atacar al contrario.

Al final, revisaremos algunas jugadas básicas para comprender cómo usar estrategias simples en nuestras partidas.

2.1. El tablero y las piezas

Comencemos por conocer el tablero donde jugaremos ajedrez, el tablero:

- Puede estar elaborado con maderas duras como nogal, roble o arce, también hay tableros de plástico y tableros magnéticos, los cuales permiten que las piezas se adhieran y mantengan en su lugar durante el juego.
- Tiene 8 filas y 8 columnas que forman un patrón único con forma de damero en todo el tablero.
- Tiene 64 casillas, alternadas entre blanco y negro.

Todas las casillas del tablero tienen un orden específico. Para poder reconocerlas, lo primero que debes hacer para identificarlas, es imaginar que estás mirando el tablero de frente:

- Las filas o líneas horizontales que van de un lado a otro.
- Las columnas o líneas verticales que van de arriba hacia abajo.

Ahora bien, para que puedas recordar el orden de las casillas:

1. Comienza por la parte inferior del tablero. La primera columna de la izquierda es la "a", luego la "b", la "c", y así hasta llegar a la columna "h".

2. Después, mira la fila más baja del tablero, la que está más cerca de ti, esa es la fila número 1. Luego, subimos a la fila 2, a la 3, y así hasta llegar a la fila 8, que es la fila más alta del tablero, la que está más alejada de ti.

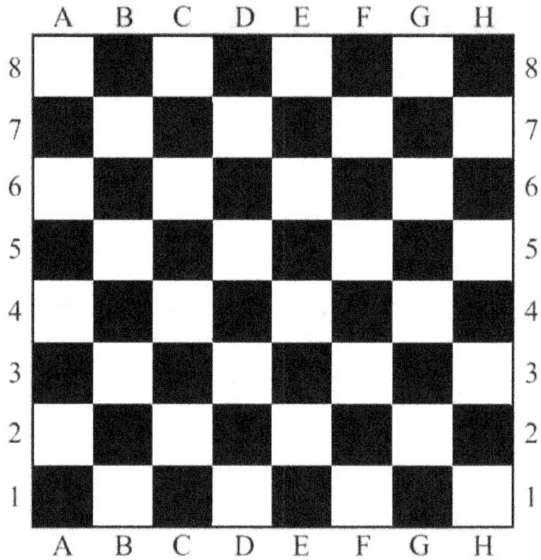

Cada casilla se identifica con un nombre, compuesto por una letra y un número.

Por ejemplo, la casilla en la esquina inferior izquierda se llama "a1" y la casilla en la esquina superior derecha se llama "h8".

Ya que estamos familiarizados con el tablero, comencemos a descubrir las piezas del ajedrez.

Este juego tiene 32 piezas, 16 son de color blanco y 16 son de color negro. Tal como el tablero, se pueden elaborar con materiales como: Madera, plástico, metal o vidrio.

Al inicio de una partida, cada jugador escoge o le asignan las piezas de un color, el cual va a mantener hasta el final del juego, en todo caso, las piezas de color blanco siempre van a iniciar la partida.

La decisión de elegir el color de las piezas que tendrá cada jugador depende del tipo de partida:
- En competiciones oficiales se sortea, se colocan en una bolsa un peón blanco y otro negro, luego cada jugador selecciona

uno, jugará las piezas del color del peón que haya sacado de la bolsa.

- En partidas informales o casuales, los jugadores acuerdan entre ellos el color de piezas con las que jugarán.

No importa que color escojas para tus piezas, el color no da ningún tipo de ventaja en el juego, los dos colores tienen la misma oportunidad para ganar la partida, todo depende de la habilidad, destreza y estrategia de cada jugador.

No todas las 16 piezas son iguales, hay 6 tipos diferentes, cada tipo tiene una forma diferente, diferente forma de desplazarse y una posición específica al inicio del juego.

Cada pieza del ajedrez es especial, cada una tiene un papel importante en el juego, son como nuestros valientes soldados.

Los 6 tipos de piezas son:

Torres: Cada jugador tiene 2. Son piezas altas y rectas, por lo general se representan con la figura de una torre medieval. Se colocan en las esquinas del tablero.

Caballos: Cada jugador tiene 2, usualmente tienen forma de cabeza de caballo, por lo que se les distingue rápidamente. Se colocan al lado de las torres.

Alfiles: Cada jugador tiene 2, son delgadas piezas diagonales con una muesca en la parte superior, generalmente se asemejan a un sombrero puntiagudo o a una mitra. Se colocan al lado de los caballos.

Reina: Cada jugador tiene 1 reina, su pieza más poderosa, es más alta y elegante que las otras piezas, se asemeja a una corona. Se coloca en la casilla central de su color, es decir, la reina blanca va en el cuadro central de color blanco, mientras que la reina negra va en el cuadro central de color negro.

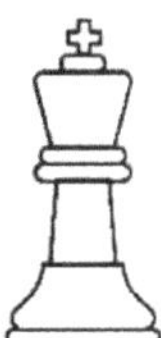

Rey: Cada jugador tiene 1 rey. El rey es la pieza más importante y el objetivo del juego es protegerlo, usualmente su diseño tiene una base sólida y ancha, en la parte superior tiene forma de corona o sombrero puntiagudo, luego se estrecha y termina con una pequeña cruz en la parte superior. El rey se coloca al lado de la reina.

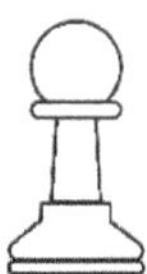

Peones: Cada jugador tiene 8 peones. Son las piezas más pequeñas y, por lo general, en la parte superior tienen una pequeña cabeza redondeada. Se asemejan a soldados, ya que son la primera línea de defensa de nuestro ejército, pero también se pueden convertir en piezas más poderosas. Si cada jugador ve el tablero, van a estar ubicados en la segunda fila que tenga más próxima, justo delante de sus otras piezas.

Tanto el tablero como las piezas nos ayudan a visualizar nuestras jugadas y a planificarlas. Son nuestro campo de batalla y ejército.

En la siguiente sección, vamos a aprender a colocar las piezas en el tablero al comienzo de la partida.

2.2. Cómo colocar las piezas en el tablero

Al iniciar una partida, cada jugador debe colocar sus piezas en el tablero, por lo que es muy importante saber dónde debe ir cada una, así que ahora vamos a aprender a colocarlas y alistarlas para la batalla.

En las dos primeras filas más cercanas a nosotros, vamos a colocar nuestro ejército de piezas, mientras que nuestro oponente va a colocar las suyas en las dos filas más lejanas a nosotros.

El orden para colocar nuestras piezas comienza en la fila más cercana a nosotros, de la siguiente manera:

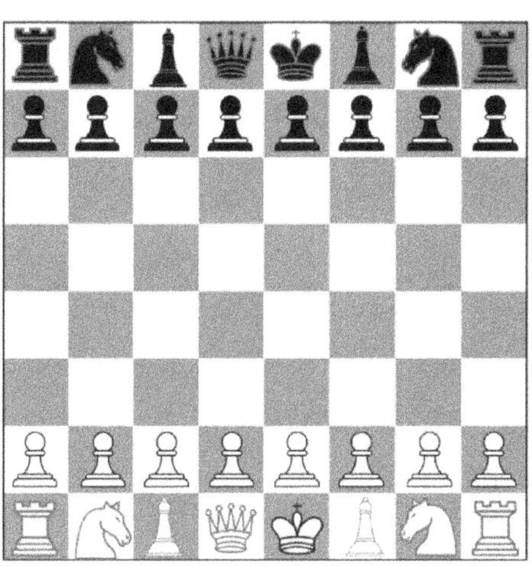

Las torres van en las esquinas:

- Las blancas en las casillas a1 y h1
- Las negras en las casillas a8 y h8.

A su lado van los caballos:

- Los blancos en las casillas b1 y g1.
- Los negros en las casillas b8 y g8.

Después van los alfiles:

- Los blancos en las casillas c1 y f1.
- Los negros en las casillas c8 y f8.

La reina va en la casilla central de su color:

- La blanca en el cuadro blanco, casilla d1.
- La negra en el cuadro negro, casilla d8.

Completamos esta fila colocando al rey junto a su reina:

- El blanco en la casilla e1.

- El negro en la casilla e8.

A continuación seguimos con la segunda fila, que es donde colocaremos todos nuestros peones, justo delante de las piezas que ya hemos colocado, así:

- Los blancos entre las casillas a2 y h2.
- Los negros entre las casillas a7 y h7.

Una vez que hayamos colocado todas nuestras piezas, y nuestro oponente haya colocado todas las suyas, el tablero estará listo para comenzar una nueva e interesante partida.

En la siguiente sección vamos a conocer la nomenclatura que se utiliza para identificar las casillas, las piezas y las jugadas, algo muy útil para facilitar la comunicación entre los jugadores.

2.3. Nomenclatura en el ajedrez

El ajedrez usa una nomenclatura formada con letras y números para describir las casillas, los movimientos de las piezas y su posición.

Esta nomenclatura tiene varias reglas para que su uso sea uniforme y para que todos los jugadores se puedan comunicar entre sí.

Nomenclatura de las casillas del tablero

Como hemos visto anteriormente, el tablero de ajedrez tiene 64 casillas, cada una de ellas identificada con una letra minúscula y un número, lo cual nos permite ubicar las piezas y las jugadas en el tablero.

Las letras van de la "a" a la "h" y representan las columnas, mientras que los números van del 1 al 8 y representan las filas.

Por ejemplo, la casilla en la esquina inferior izquierda del tablero se llama "a1", y la casilla en la esquina superior derecha se llama "h8".

Nomenclatura de las piezas

Cada pieza en el ajedrez, con excepción de los peones, tiene una letra asociada que es mayúscula para las piezas blancas y minúscula para las piezas negras. Estas letras son:

- Rey: K (blanco), k (negro).
- Reina: Q (blanco), q (negro).
- Torre: R (blanco), r (negro).
- Caballo: N (blanco), n (negro).
- Alfil: B (blanco), b (negro).
- Peón: No se representa con ninguna letra, simplemente se indica la casilla a la que se mueve.

Por ejemplo, con la siguiente notación puedes identificar que la torre blanca está ubicada en la casilla "a1", es muy sencillo:

- Indica la pieza: La torre blanca se representa con la letra "R" (mayúscula).
- Indica la casilla en donde está ubicada: La torre blanca está en la casilla "a1".
- Reúne toda la información: "Ra1".

Si quieres identificar que la torre negra está en la casilla "a1", también es muy sencillo:

- Indica la pieza: La torre negra se representa con la letra "r" (minúscula).
- Indica la casilla en donde está ubicada: La torre negra está en la casilla "a1".
- Reúne toda la información: "ra1".

Nomenclatura de las jugadas

Hay varios tipos de nomenclatura que se usan en el ajedrez para describir las jugadas durante un partido, las más populares son la notación descriptiva y la algebraica, en ambas se describen las jugadas combinando la letra de la pieza y la casilla de destino.

La notación descriptiva incluye el uso de palabras para describir los movimientos de las piezas, para esto utiliza el nombre de la pieza, el nombre de la columna inicial, la palabra "a" y el nombre de la casilla final para describir el movimiento de la pieza.

Por ejemplo, si la reina blanca se mueve de la columna e a la casilla ubicada en la columna f y la fila 8, se escribe "Reina blanca de e a f8".

En este caso podemos ver que:
- El nombre de la pieza es: Reina blanca.
- La columna inicial es: e.
- Incluye la palabra "a".

- La casilla final es: f8.

Por su parte, la notación algebraica describe los movimientos de las piezas usando las letras que representan a cada tipo de pieza, junto a la letra y número de la casilla a la cual se mueve.

Por ejemplo, con la siguiente notación puedes describir el movimiento de la torre blanca desde la casilla "a1" a la casilla "a8":

- Indica la casilla de origen: Como la torre blanca está en la casilla "a1", se escribe "Ra1".
- Indica la casilla de destino: Como la torre blanca se mueve a la casilla "a8", se escribe "a8".
- Reuniendo toda la información se puede describir el movimiento de la torre blanca desde la casilla "a1" a la "a8" como "Ra1-a8" (Se debe usar un guión o una flecha

para separar la casilla de origen de la casilla de destino).

Si la pieza es de color negro, recuerda usar en minúscula la letra que la identifica, siguiendo el ejemplo anterior, para describir el movimiento de la torre negra desde la casilla "a1" a la casilla "a8" escribiríamos: "ra1-a8".

La nomenclatura del ajedrez es una forma estandarizada de comunicación entre los jugadores, los ayuda a identificar las piezas, casillas y jugadas de manera clara y precisa.

En la siguiente sección, vamos a conocer el movimiento básico de las piezas y ¡Estaremos casi listos para dominar el tablero!

2.4. Movimiento básico de las piezas

Cada tipo de pieza se mueve de una forma diferente, veamos cómo se desplaza cada una en el tablero.

2.4.1. El rey

Se puede mover en cualquier dirección: adelante, atrás, a los lados y en diagonal, sólo una casilla a la vez, siempre que no esté en peligro de ser capturado por el oponente.

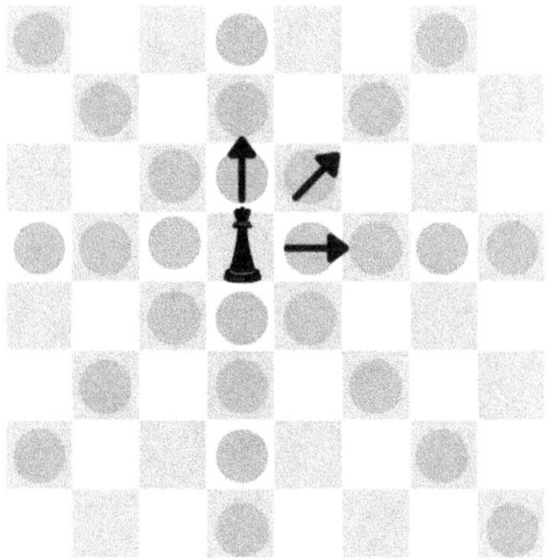

2.4.2. La reina

Se puede mover cualquier número de casillas en cualquier dirección: adelante, atrás, a los lados y en diagonal. Es la pieza más poderosa y versátil por su poder de ataque, capacidad para la defensa, control del tablero y participación en tácticas estratégicas.

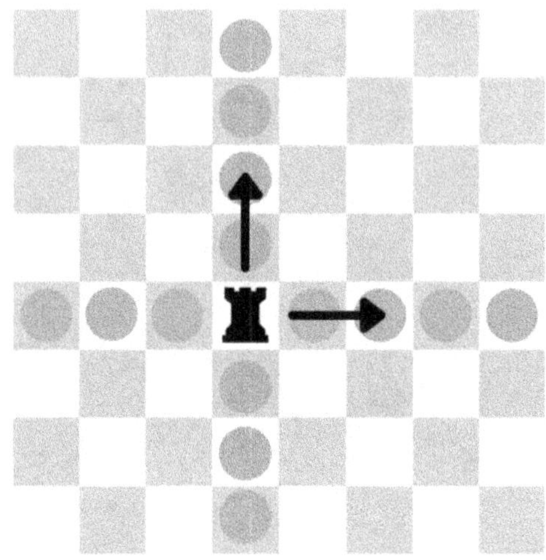

2.4.3. Las torres

Se pueden mover cualquier número de casillas en línea recta: Adelante, atrás y hacia los lados. Son fuertes e importantes, ya que pueden controlar las columnas y las filas del tablero.

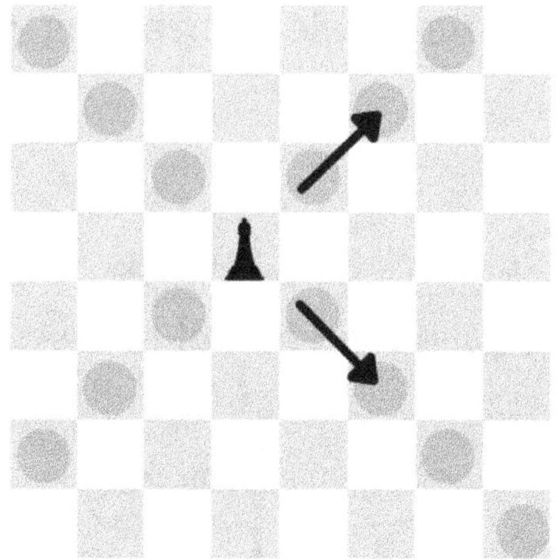

2.4.4. Los alfiles

Son piezas únicas en el ajedrez, cada uno se puede mover cualquier número de casillas, pero sólo del color que le corresponde, este se le asigna al colocar las piezas en el tablero, antes de iniciar la partida, es decir:

- Un alfil está ubicado en la casilla blanca.
- El otro está ubicado en la casilla negra.

Ambos se mueven en diagonal, uno en las diagonales formadas por las casillas blancas y el otro en las diagonales formadas por las casillas negras.

Son piezas estratégicas y nos ayudan a controlar las diagonales del tablero.

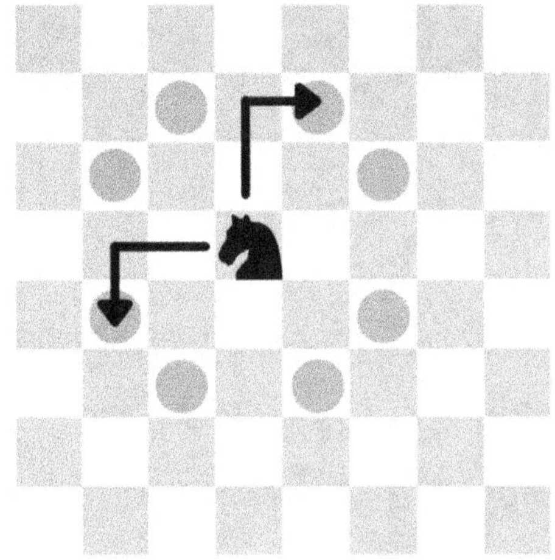

2.4.5. Los caballos

Son las únicas piezas que pueden saltar sobre otras, además, se mueven en forma de "L" avanzando dos casillas en una dirección recta y luego, una casilla en dirección perpendicular.

2.4.6. Los peones

Los peones se mueven siempre hacia adelante, no retroceden, pero tienen algunas particularidades:

- Al mover cada peón por primera vez, pueden avanzar una o dos casillas, según sea nuestra estrategia de juego.

- Después de su primera jugada, sólo podrán adelantar una casilla a la vez.

- Sólo pueden capturar las piezas de su oponente en diagonal, al adelantar sólo una casilla de forma diagonal.

- Lo mejor de los peones es que al otro extremo del tablero, tienen oportunidad de promocionar: Se pueden intercambiar por piezas más poderosas que haya capturado nuestro oponente.

¡Veamos a continuación las reglas del juego!

2.5. Las reglas del juego

Las reglas básicas del ajedrez son:

- El jugador que tiene las piezas blancas comienza el juego. Luego, los jugadores se alternan para mover sus piezas.

- Si un peón llega a la última fila del tablero del oponente, se puede promocionar (cambiar) por cualquier otra pieza que le haya sido capturada anteriormente. Esta pieza se va a ubicar en la última posición del peón que la promocionó.

- Las piezas de un jugador no se pueden mover a las casillas ocupadas por sus otras piezas.

- Si se mueve una pieza a una casilla ocupada por el oponente, esta pieza adversaria se captura y retira del tablero.

- Si el rey está en una posición donde, en el siguiente movimiento, puede ser capturado, se encuentra en jaque.

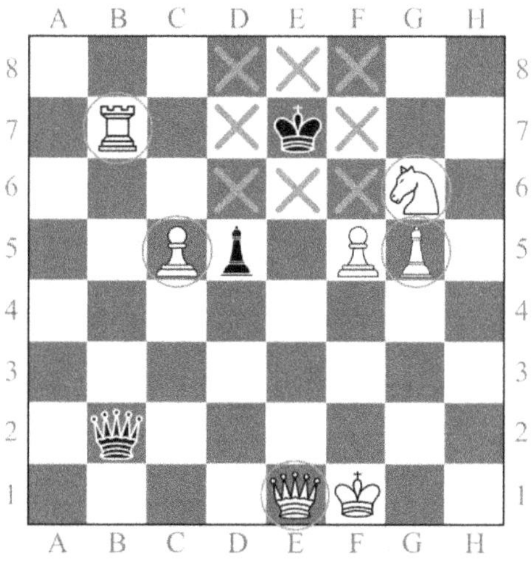

- Si el rey está en una posición donde no tiene forma alguna de escapar al jaque, es decir, si no puede moverse a una casilla que no esté amenazada por una ficha del rival, entonces está en jaque mate, pierde la partida y el juego termina.

- El jugador que captura al rey del oponente gana la partida.
- Tal como comenté antes, el juego puede terminar con un empate.
- En el ajedrez, es muy importante seguir las reglas y respetar al oponente. Los jugadores deben jugar limpio, sin hacer trampa, distraer o molestar al oponente.

Además de estas reglas básicas, hay estrategias y tácticas avanzadas que irás aprendiendo a medida que juegues.

Continúa la lectura en la siguiente sección, allí vas a aprender jugadas básicas que te ayudarán a comprender un poco más este juego.

2.6. Ejemplos de jugadas básicas

Es momento de conocer algunas jugadas básicas del ajedrez. Veamos cómo crear estrategias con nuestras piezas para capturar las piezas de nuestro rival.

2.6.1. Controlar columnas y filas

Las torres nos ayudan a controlar las columnas y filas del tablero, algunas formas de hacerlo son:

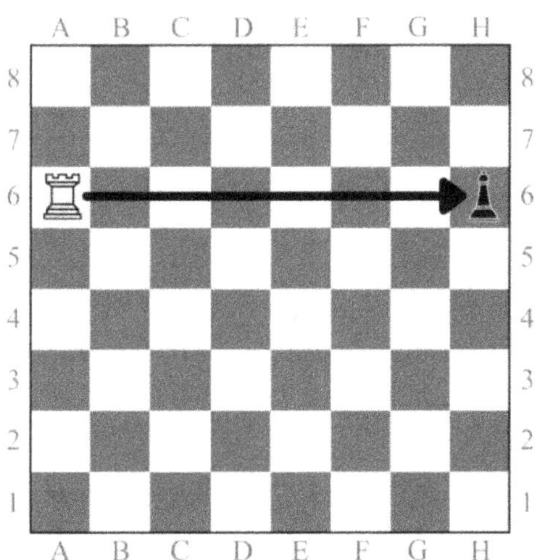

Movimiento horizontal: En una fila, la torre se mueve hacia la izquierda o hacia la derecha y puede atacar a cualquier pieza que esté en ese trayecto. Por ejemplo, podemos mover la torre desde la columna a hasta la columna h, y capturar alguna pieza contraria que esté en esa fila.

Movimiento vertical: En una columna, la torre se mueve hacia arriba o hacia abajo y puede atacar a cualquier pieza que esté en ese trayecto. Por ejemplo, podemos mover la torre desde la fila 4 hasta la fila 8, y capturar alguna pieza contraria que esté en esa columna.

Control de filas y columnas: Si hay torres en diferentes filas o columnas, se pueden controlar simultáneamente varias líneas y, si no hay piezas nuestras bloqueando el camino, nos permitirá atacar y capturar piezas del oponente.

2.6.2. Controlar diagonales

Los alfiles nos ayudan a controlar las diagonales del tablero.

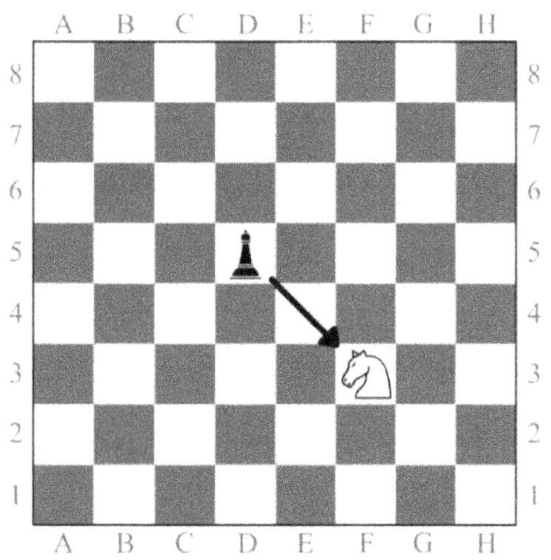

Movimiento diagonal: Un alfil se mueve en línea recta a través de las diagonales del tablero. Por ejemplo, si tenemos un alfil en la casilla d5, lo podemos mover a la casilla f3 y, si no tenemos piezas propias bloqueando el camino, podremos atacar y capturar una pieza contraria.

Control de diagonales: Si tenemos nuestros alfiles ubicados en diferentes diagonales, podemos controlar a la vez varias líneas del tablero y, si no hay piezas nuestras bloqueando el camino, podremos atacar y capturar piezas del oponente.

Ataque a distancia: Los alfiles pueden atacar piezas a distancia y capturar una pieza enemiga, aunque esté varias casillas más allá en esa misma diagonal.

2.6.3. Saltar para atacar y capturar piezas

Sólo los caballos tienen la habilidad de saltar sobre otras piezas, veamos cómo los podemos utilizar para atacar efectivamente a nuestro rival, y capturar sus piezas.

Movimiento en forma de "L": Los caballos se mueven en forma de "L" en el tablero. Por ejemplo, desde la casilla e5, podemos mover el caballo a la casilla g4.

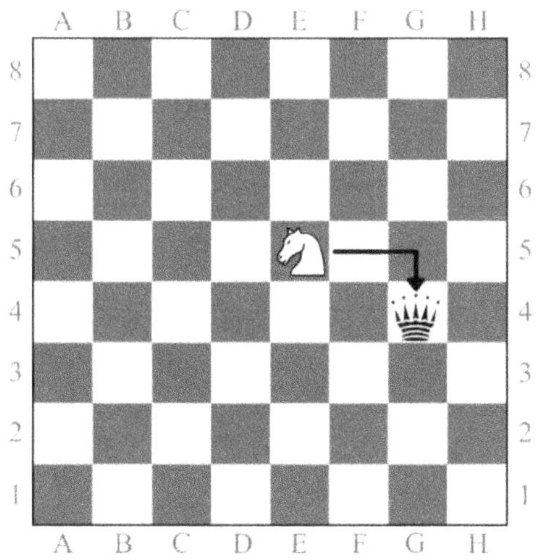

Saltando sobre otras piezas: Los caballos con su salto en "L" se pueden mover aunque haya piezas, nuestras o de nuestro oponente, bloqueando el camino.

Ataques sorpresa: Los caballos pueden saltar y sorprender al enemigo al llegar a lugares que otras piezas no pueden, por lo que podemos aprovechar esta ventaja para atacar y capturar piezas de forma sorpresiva.

2.6.4. Controlar el centro del tablero

Controlar el centro del tablero es clave en nuestro plan o estrategia para ganar una partida. Veamos algunos ejemplos de cómo podemos valernos del control del centro del tablero para abrir caminos a nuestras piezas, atacar y capturar a las de nuestro oponente, y promocionar un peón a otra pieza.

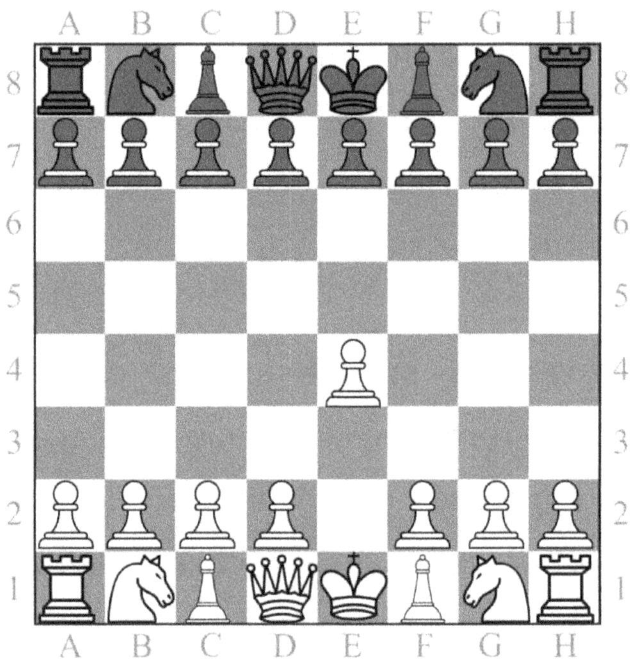

Ocupar el centro: Mover nuestras piezas al centro del tablero nos da más opciones para crear jugadas ganadoras. Por ejemplo, podemos mover nuestro peón de e2 a e4, así comenzamos a controlar el centro y abrimos el camino a otras de nuestras piezas.

Ataque desde el centro: Al ubicar nuestras piezas en el centro del tablero, podemos atacar las piezas del otro jugador en diferentes direcciones. Por ejemplo, si nuestra torre está ubicada en la casilla d4, podemos atacar a las piezas contrarias que estén ubicadas en las columnas "d" o en las filas 4.

Promoción de peones: Si logramos adelantar a uno de nuestros peones hasta la última fila del tablero en el lado opuesto, lo podemos promocionar.

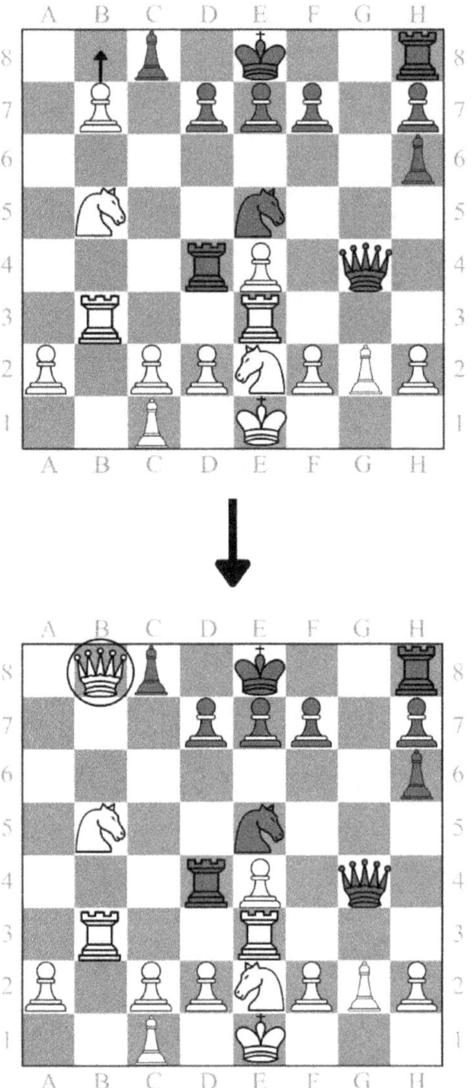

Con esto, lo podemos convertir en una pieza que haya sido capturada por nuestro oponente, esta podrá ser nuestra reina, torre, alfil o caballo, por lo tanto, recuperaremos una pieza más poderosa.

2.6.5. Proteger al rey y evitar el peligro

Una de las acciones más importantes que podemos hacer al jugar ajedrez, es proteger a nuestro rey. Veamos algunos sencillos ejemplos de cómo podemos proteger a nuestro rey y evitar las situaciones de peligro.

Enroque: En este movimiento, el rey y una de las torres se mueven juntos para colocar en una posición más segura a nuestro rey, el cual va a quedar más protegido detrás de una fortaleza de peones. En el capítulo 3 te explicaré esta jugada con más detalle.

Uso de piezas para defender: Podemos utilizar nuestras torres, alfiles o caballos, para defender al rey, colocar estas piezas a su alrededor, creará una barrera de protección.

Observar los movimientos del oponente: Es muy importante estar atentos a los movimientos de nuestro oponente, así podemos prever y anticipar cualquier ataque que intente en contra de nuestras piezas. o cualquier amenaza que pueda sufrir nuestro rey.

Para mantener a salvo a nuestro rey, debemos evitar colocarlo en situaciones de peligro.

Recuerda que el objetivo principal del juego es proteger al rey y evitar su captura. Presta atención a la seguridad de tu rey y planifica tus movimientos en consecuencia.

En este capítulo, aprendimos los aspectos fundamentales del ajedrez. Conocimos el tablero y las piezas, comprendiendo su disposición y su importancia en el juego.

También conocimos el movimiento básico de cada pieza y además, vimos cómo utilizar nuestras piezas en algunas situaciones estratégicas.

Ahora, estamos listos para leer el Capítulo 3, allí vamos a aprender a planificar nuestras jugadas, a desarrollar tácticas y a utilizar estrategias para ganar partidas.

Capítulo 3.

Estrategias y tácticas

En este nuevo capítulo vamos a aprender trucos y movimientos especiales, que pueden ayudarnos a ganar más partidas de ajedrez.

Vamos a conocer varias tácticas y estrategias que pueden mejorar nuestro juego, tales como tener piezas en el medio del tablero, promocionar peones o el enroque.

También vamos a aprender a pensar con cuidado y a proteger nuestras piezas, mientras intentamos capturar las piezas de nuestro adversario.

Por último, vamos a revisar algunos ejemplos con astutos movimientos que nos van a dar una gran ventaja en el juego.

Empecemos con la siguiente sección para descubrir cómo controlar el centro del tablero.

3.1. Control del centro del tablero

En esta sección, vamos a descubrir cómo podemos controlar el centro del tablero y así, tener un poco más de ventaja en el juego.

El centro del tablero del ajedrez es como su corazón, y el hecho de controlar estas casillas nos va a dar más opciones de juego estratégicas ya que nos permite moverlas fácilmente a diferentes partes del tablero.

Con esto, podemos atacar a nuestro contrincante desde diferentes direcciones y así, tener muchas más oportunidades para capturar sus piezas.

Las casillas d4, d5, e4 y e5 son el corazón del tablero, intenta ocuparlas con tus peones u otras piezas para tener más espacio y movilidad.

Para lograr el control del centro del tablero, debemos aprovechar nuestros movimientos para ubicar nuestros peones y piezas hacia esas casillas, al hacer esto, vamos a crear una barrera que va a dificultar el avance de nuestro oponente hacia nuestro territorio.

Mantén tus ojos en el centro del tablero y busca oportunidades para lograr controlarlo y usar a tu favor.

Ahora que has aprendido sobre el control del centro del tablero, vamos a descubrir cómo promocionar una pieza.

3.2. Promoción de piezas

¿Recuerdas que los peones se pueden convertir en otra pieza? Si, esto ocurre cuando alcanzan la última fila del tablero del oponente ¡Es como si tuvieran superpoderes!

Cuando uno de nuestros peones logra llegar a la última fila del tablero del oponente, se puede intercambiar por cualquier pieza que nuestro adversario haya capturado.

Esta es una oportunidad de oro para mejorar nuestro ejército de piezas y aumentar nuestra posibilidad de ganar la partida.

Imagina que uno de nuestros peones no ha sido capturado por nuestro oponente, y que haya llegado a la última fila del tablero. En ese momento, lo podemos convertir en alguna de las piezas que nuestro oponente haya capturado, la que más necesitemos.

Es importante analizar bien cuál de todas vamos a elegir, aunque la mayoría de las veces la elección más sabia es promover a nuestra reina, una pieza muy poderosa, ya que la podemos mover varias casillas a cualquier dirección.

No obstante, si nuestra reina aún sigue en el juego sin haber sido capturada por nuestro rival, también sería útil promover a una torre, alfil o caballo, dependiendo de la posición del tablero en la que esté el peón que vamos a promocionar y de nuestros planes de juego.

La promoción de un peón puede cambiar totalmente el curso de la partida y brindar nuevas oportunidades para el ataque y la defensa de piezas.

Ahora vas a descubrir un movimiento especial que nos va a ayudar a proteger nuestro rey y a asegurar que esté a salvo durante la partida.

3.3. El enroque

El enroque es una jugada muy importante, ya que protege a nuestro rey y podemos asegurar que estará a salvo durante la partida. Se puede decir que le estamos construyendo un fuerte.

El enroque consiste en mover a nuestro rey y una de nuestras torres al mismo tiempo, es un movimiento sencillo, pero sólo se puede hacer si se cumplen ciertas condiciones específicas.

El enroque sólo se puede realizar si:

1. Previamente en la partida no se ha movido el rey.

2. Igualmente, la torre involucrada en el enroque tampoco debe haber sido movida anteriormente en el juego.

3. No hay piezas nuestras ni del otro jugador, entre el rey y la torre.

4. El rey no está en jaque.

5. Para hacer el enroque el rey no pasa por casillas que están bajo ataque de nuestro oponente.

Podemos hacer dos tipos de enroque: el enroque corto y el enroque largo.

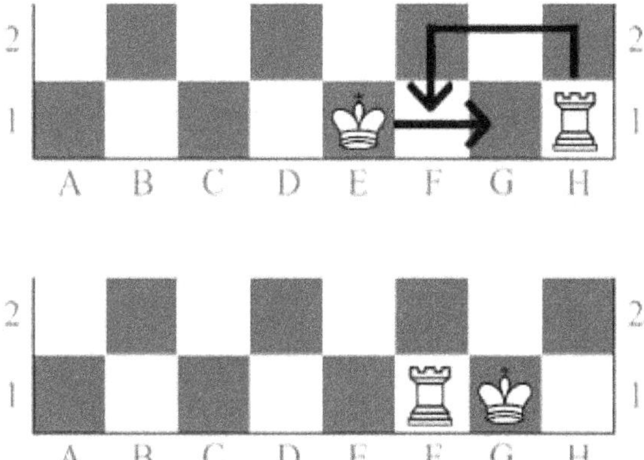

Enroque corto: El rey se mueve dos casillas hacia la torre más cercana y esta torre se coloca al lado opuesto del rey. Esta jugada se realiza en las casillas g1 y f1 para las piezas blancas, o g8 y f8 para las piezas negras.

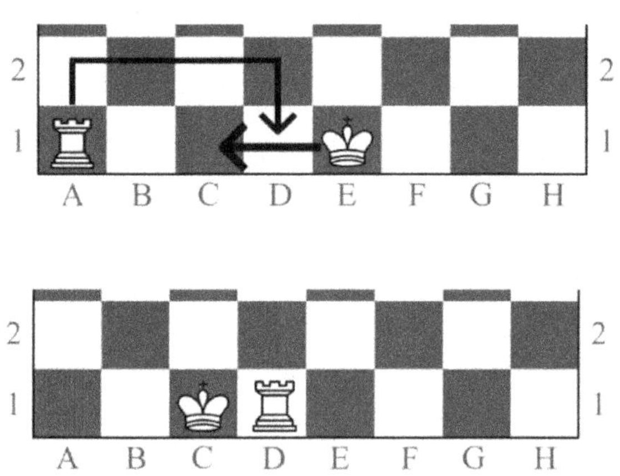

Enroque largo: El rey se mueve dos casillas hacia la torre más alejada y esta torre se coloca al lado opuesto del rey. Esta jugada se realiza en las casillas c1 y d1 para las piezas blancas, o c8 y d8 para las piezas negras.

El enroque es una jugada muy útil, ya que permite poner a nuestro rey en una posición más segura, porque va a estar alejado del centro del tablero donde será más vulnerable ante los ataques del oponente, además nos permite desarrollar la torre y tener una mejor defensa.

Sigue la lectura de la próxima sección, allí descubriremos cómo planificar nuestros movimientos para atacar las piezas del oponente y, al mismo tiempo, proteger nuestras propias piezas.

3.4. Ataque y defensa

En esta sección, vamos a descubrir el mundo del ataque y la defensa en el ajedrez. Vamos a aprender a planificar nuestros movimientos para atacar las piezas del oponente y, al mismo tiempo, proteger nuestras propias piezas.

Cuando jugamos ajedrez, debemos buscar oportunidades para atacar las piezas del oponente y capturarlas. Pero también debemos ser cuidadosos y proteger nuestras propias piezas de los ataques del obstáculo.

Una táctica importante en el ajedrez es crear amenazas a las piezas del oponente. Podemos amenazar a una pieza del oponente al mover una de nuestras piezas a una posición de ataque o captura de su pieza.

Esto va a obligar al oponente a tomar medidas defensivas para proteger su pieza amenazada.

Cuando atacamos, también debemos estar atentos a las posibles contraataques del oponente. La defensa juega un papel crucial en el ajedrez.

Podemos proteger nuestras piezas colocándolas en posiciones seguras o moviendo otras piezas para bloquear los ataques del enemigo.

Una buena estrategia combina el ataque y la defensa de forma equilibrada. No te olvides de proteger tus propias piezas mientras buscas oportunidades para atacar a las del adversario.

Continúa la lectura de la siguiente sección para aprender sobre algunas tácticas que nos ayudarán a mejorar nuestro juego, tales como la clavada, la horquilla y la doble amenaza.

3.5. Ejemplos de tácticas de ajedrez

En esta sección vamos a conocer diferentes tácticas de ajedrez que nos van a permitir tener ventaja en la partida que juguemos.

Al aprenderlas y usarlas podemos sorprender a nuestro oponente y tener la oportunidad de ganar.

En esta sección, vamos a aprender tres tácticas importantes: la clavada, la horquilla y la doble amenaza.

Con la clavada forzamos a una pieza enemiga a ocupar una posición de la cual no podrá moverse, ya que de otra forma dejará expuesta una pieza mucho más importante y valiosa para él.

La horquilla es otra táctica poderosa, con ella atacamos de forma simultánea a dos piezas de nuestro oponente con una sola de las nuestras. Esto también lo pondrá en una situación difícil, ya que debe decidir cuál de las piezas va a salvar y cuál va a sacrificar.

Con la doble amenaza amenazamos de forma simultánea a dos piezas del nuestro oponente con dos de las nuestras, esto lo obliga a elegir cuál pieza proteger y cuál perder.

Estas tres tácticas se pueden usar en diferentes momentos del juego, todas ellas nos dan la oportunidad de poner al oponente en una situación difícil, tomar la iniciativa y tener mayor posibilidad de ganar la partida.

Veamos ahora cada una de ellas con un poco más de detalle, comencemos con la clavada.

3.5.1. La clavada

Comencemos con un ejemplo, si el otro jugador está protegiendo a su rey con una de sus torres, se dice que la torre está clavada, en este caso, podemos mover nuestra torre para atacar a la de él, con esto lo obligamos a decidir en una situación difícil, ya que no se debe mover, porque dejará desprotegido y vulnerable a su rey.

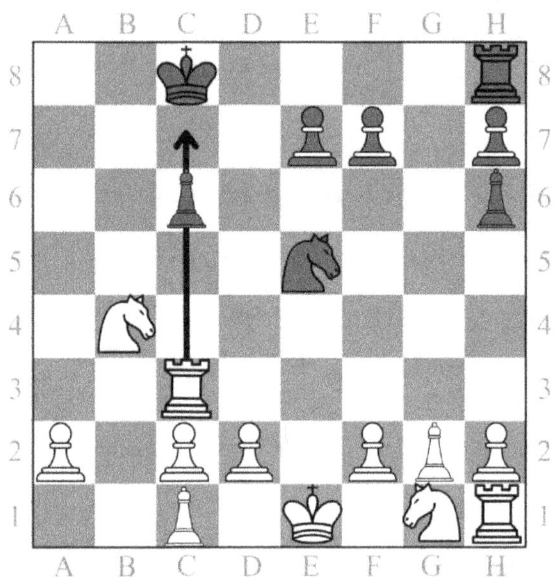

Por esto es importante identificar las piezas que usa para proteger a sus piezas importantes. Con esta información podemos planificar nuestros movimientos y crear una situación en la que deba tomar decisiones difíciles. Por ejemplo, sacrificar piezas: esto nos dará una ventaja estratégica en el juego.

La clavada se puede realizar con diferentes piezas, pero la torre es especialmente buena en esta táctica, gracias a su capacidad para moverse en líneas rectas y para atacar a distancia.

Estar atentos a las oportunidades de clavada puede cambiar el rumbo de la partida a nuestro favor.

3.5.2. La horquilla

En este apartado vamos a descubrir cómo podemos atacar, al mismo tiempo, a dos piezas de nuestro oponente con una sola nuestra.

La horquilla es una poderosa jugada que nos permite poner al oponente en una situación difícil, ya que solo podrá salvar a una de sus dos piezas amenazadas y perderá la otra.

Imagina el siguiente tablero: tienes un caballo en la casilla c3 y otro en la e4, a su vez el otro jugador tiene una torre en la casilla b6 y un alfil en la casilla c5.

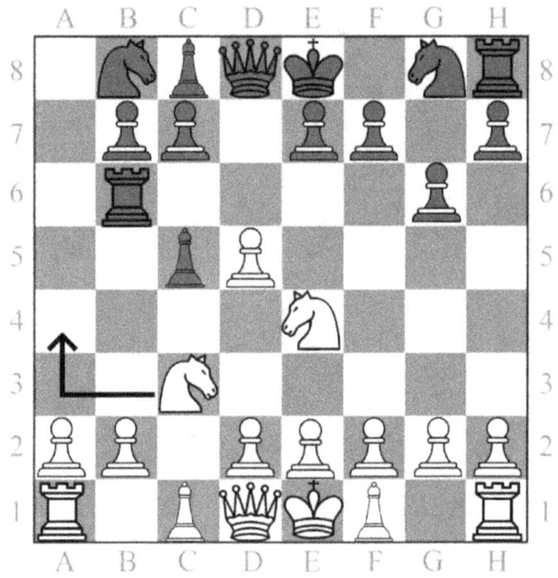

Si mueves tu caballo de la casilla c3 a la casilla a4, estás realizando una horquilla, esto significa que, con una sola de tus piezas, estás atacando tanto al alfil en c5 como a la torre en b6. Con esto pondrás en una encrucijada a tu oponente, ya que solo podrá salvar a una de sus piezas.

Él tendrá que decidir cuál pieza va a proteger. Si elige salvar su alfil, perderá su torre, y si elige salvar su torre, perderá su alfil. Cualquiera sea su decisión, vas a obtener una ventaja al capturar una de sus piezas.

La clave de la horquilla es aprovechar las debilidades en la ubicación de las piezas de nuestro oponente. Es importante que estés atento a las oportunidades de horquilla durante el juego y no perder la posibilidad de ganar ventaja.

Otro aspecto importante que debes considerar es que antes de hacer la horquilla, debes pensar en las posibles jugadas de tu oponente, cómo afectará su elección al juego y cómo podemos sacar el máximo provecho de la situación.

Aunque se puede realizar con otras piezas, el caballo es especialmente bueno en esta táctica debido a su capacidad para saltar.

3.5.3. La doble amenaza

En este apartado, vamos a descubrir cómo podemos amenazar a dos piezas de nuestro adversario al mismo tiempo, poniéndolo en una situación muy difícil, ya que lo obligamos a tener que elegir cuál pieza proteger, dejando la otra vulnerable a nuestra captura.

Tú atacas con dos de tus piezas y cada una de ellas por separado amenaza a una pieza del otro jugador, así él sólo puede salvar una de sus piezas, la otra queda vulnerable y en peligro de ser atacada.

Imagina este tablero: tienes un caballo en la casilla g1 y una torre en f3, mientras que tu oponente tiene un alfil en la casilla f6 y una torre en g5.

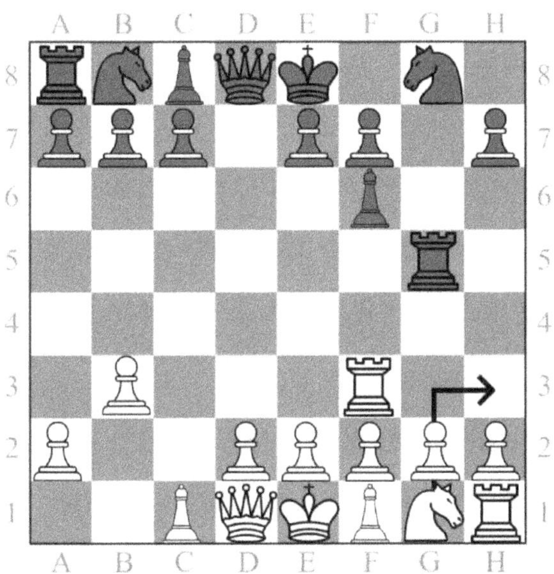

Si decides mover tu caballo de la casilla g1 a h3, estarás realizando una doble amenaza a tu oponente, ya que estás amenazando tanto a su alfil en f6 como a su torre en g5.

Él tendrá que tomar una difícil decisión. Si protege a su alfil al moverlo a g7 o e5, perderá la torre en G5. Pero si protege la torre y la mueve a h5, perderá al alfil en f6. Cualquiera que sea su decisión, vas a tener la ventaja al capturar una de sus piezas.

Busca siempre la oportunidad de usar la táctica de la doble amenaza durante tus partidas y aprovecharlas para ganar ventaja.

Ahora repasa las tácticas que hemos aprendido en este capítulo. Desde el control del centro del tablero hasta la clavada, la horquilla y la doble amenaza, ya has adquirido valiosas habilidades tácticas para jugar al ajedrez.

Continúa con la lectura del siguiente capítulo, allí conocerás las diferentes aperturas que puedes utilizar al inicio de una partida.

Capítulo 4.

Aperturas

En este capítulo vamos a conocer los aspectos más importantes acerca de las aperturas, estos son los primeros movimientos estratégicos que se realizan al iniciar una partida de ajedrez.

Son como las llaves mágicas que, si las sabemos usar a nuestro favor, nos van a abrir las puertas hacia una exitosa partida.

También vamos a conocer algunos tipos de aperturas y a cómo utilizarlas efectivamente para tener una ventaja desde el principio, al tomar el control del tablero y prepararnos para desarrollar nuestras piezas.

Vamos a descubrir las aperturas específicas, como la italiana y la defensa siciliana, sus secretos y jugadas clave, para que podamos planificar sabiamente nuestros movimientos y sorprender a nuestros oponentes.

Así que, prepárate para descubrir los secretos de las aperturas en el ajedrez, comienza la lectura de la siguiente lección y prepárate a jugar al ajedrez como todo un experto.

4.1. Concepto de apertura

En el ajedrez se conoce como apertura a la fase inicial de la partida, es el momento cuando realizamos nuestros primeros movimientos estratégicos, con el fin de establecer nuestra posición en el tablero.

Imagina que estás jugando una partida de ajedrez y estás frente a tu oponente, en la apertura estarás dando el primer paso para construir la fortaleza que resguardará a tu rey de los ataques de tu rival durante el juego.

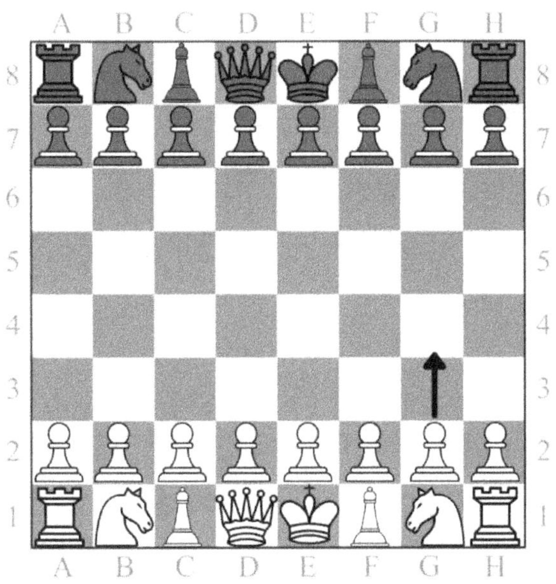

Se puede decir que constituye la base en la que vas a edificar tus tácticas y estrategias durante toda la partida.

Durante la apertura es muy importante tener en cuenta algunos objetivos que son clave para tener un buen inicio de partida. El primero del que te voy a comentar es: controlar el centro del tablero.

Tal como comentamos anteriormente, el centro es un lugar estratégico del tablero, ya que su dominio nos permite mover nuestras piezas con libertad, así como tener más opciones de ataque y defensa.

Si logramos ocupar el centro del tablero con nuestras piezas, vamos a crear una base sólida con la que podemos desarrollar nuestras piezas con mayor facilidad, eficiencia y eficacia.

Otro de los objetivos importantes de la apertura, es asegurar la seguridad de nuestro rey. Como ya sabes, el rey es la pieza más valiosa de todo nuestro ejército, por lo que debemos resguardarlo con seguridad para que esté bien protegido.

Para esto podemos hacer varios movimientos iniciales que construyan un escudo defensivo y que nos permitan enrocar nuestro rey en una posición menos expuesta y mucho más segura.

Por otra parte, en la apertura también debemos buscar el desarrollo de nuestras piezas, o lo que es lo mismo, llevarlas desde sus casillas iniciales a otras posiciones más activas en el tablero.

Recuerda lo que hemos aprendido anteriormente, cada pieza tiene movimientos únicos que les permiten desempeñar un papel específico dentro del juego, por lo que debemos asegurar que cada una esté lista oportunamente para ejercer su rol durante la batalla.

La apertura es solo el comienzo del juego, pero su papel dentro de la partida es muy importante, ya que nos permite tener una buena posición desde el principio.

No olvides que también debemos estar preparados para adaptar nuestro juego ante las tácticas que emplee el otro jugador y ajustar apropiadamente nuestra estrategia, según evolucione la partida.

Ahora que conoces el concepto de apertura, estás listo para iniciar el aprendizaje de las aperturas específicas: comencemos con la apertura italiana.

4.2. Apertura italiana

En esta sección vamos a descubrir una apertura muy especial, la llamada apertura italiana, este tipo de apertura es conocida por su agresivo enfoque y por su búsqueda de una posición fuerte para atacar al otro jugador.

Esta estrategia recibe su nombre de Italia, un hermoso país de Europa. Al igual que Italia, esta apertura tiene su propia belleza y encanto en el mundo del ajedrez, pero vamos a hablar un poco de su técnica y en qué consiste.

La siguiente nomenclatura: "1.e4 e5 2.Nf3 Nc6 3.Bc4" representa la secuencia de movimientos que se utiliza en la apertura italiana.

Esta nomenclatura describe los primeros movimientos de una partida de ajedrez, en donde las piezas blancas realizan la apertura del peón del rey, y las piezas negras responden con la defensa del peón del rey y la defensa italiana. Te explico un poco más de detalle qué significa todo esto y en qué consiste.

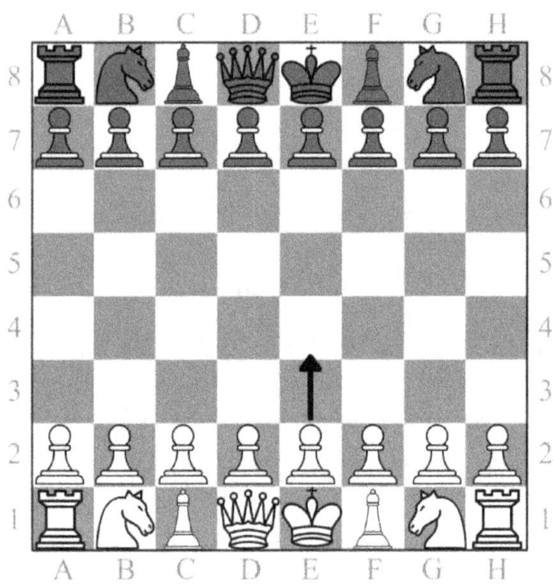

Comencemos con el término "1.e4": Este término significa que el jugador que abre la partida, o sea el que juega con las piezas de color blanco, mueve dos espacios hacia adelante el peón que tiene ubicado en la casilla e2, es decir, avanza hasta la casilla e4.

Este movimiento es muy común en las aperturas o primeras jugadas y se le conoce como

"Apertura del Peón del Rey", su objetivo principal es controlar el centro del tablero y así, permitir el desarrollo rápido de nuestras piezas.

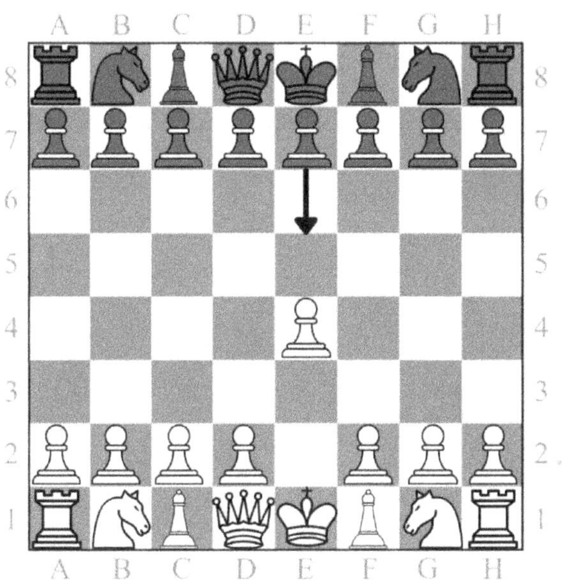

Seguimos con "e5" el segundo término de la nomenclatura: Ahora es el turno del jugador que tiene las piezas negras, éste responde moviendo también dos espacios hacia adelante al peón que tiene ubicado en la casilla e7, es decir, lo coloca en la casilla e5.

Este movimiento se llama "Defensa del Peón del Rey" y es una respuesta muy común a la apertura del peón del rey. Con este movimiento, nuestro oponente también busca tomar control del centro del tablero y así, establecer una defensa sólida.

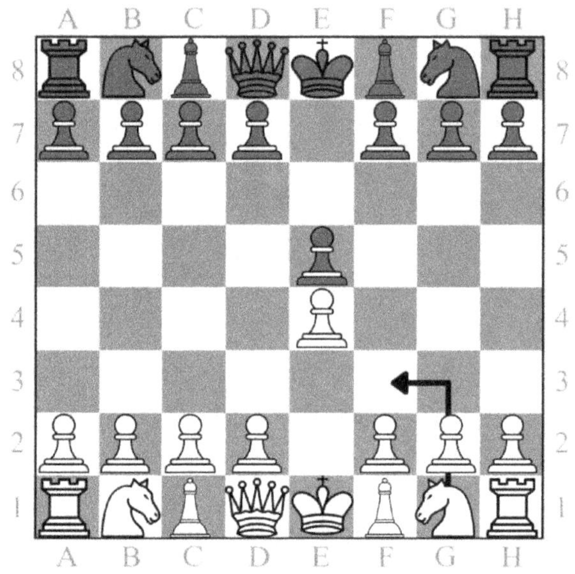

Siguiendo la secuencia de términos, corresponde el turno a "2.Nf3": Nuevamente es el turno del jugador de las piezas blancas, ahora mueve hacia adelante y hacia la izquierda el caballo que tiene ubicado en la casilla g1, es decir, lo coloca en la casilla f3.

Este movimiento se conoce como "Defensa italiana" (la cuál veremos con más detalle en la próxima sección) y ataca al peón negro en la casilla e5. El objetivo principal de este movimiento es desarrollar una pieza y controlar el centro del tablero.

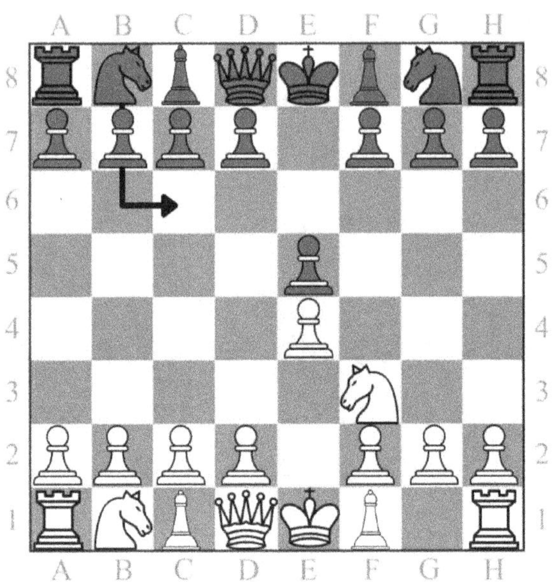

Luego tenemos el término "Nc6": El jugador de las piezas negras responde a la anterior jugada de su adversario moviendo adelante y hacia la derecha a su caballo, ubicado en la casilla b8, es decir, lo coloca en la casilla c6.

Con este movimiento, las piezas negras desarrollan su caballo, busca controlar el centro y defiende a su peón en e5.

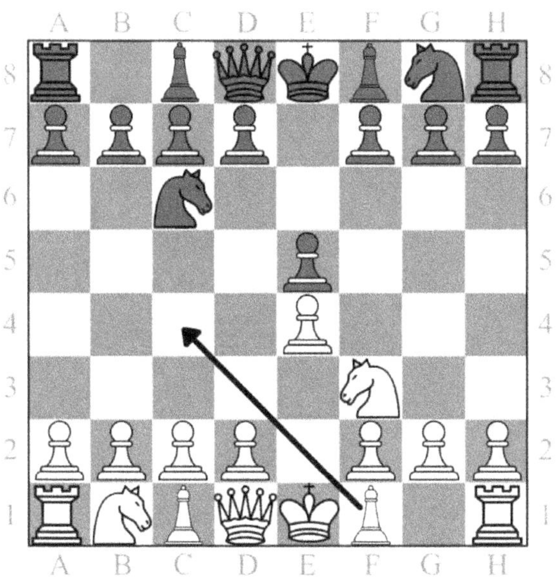

Por último, el término Bc4: El jugador de las piezas blancas mueve su alfil ubicado en la casilla f1 hasta la casilla f4, su objetivo con esto es desarrollar ese alfil, e igualmente, apuntar hacia la parte del tablero donde está ubicado el rey del oponente y hacia la casilla f7, donde dicho rey podría estar en peligro en próximas jugadas.

La apertura italiana es una estrategia que puede realizar tanto el jugador de las piezas blancas, como el jugador de las piezas negras.

En el ajedrez existen muchas aperturas diferentes, cada una con sus propias estrategias y características, la apertura italiana solo es una de ellas, el ejecutarla puede conducir a diferentes alternativas y variantes en el juego, por lo que es importante que estudies y practiques para mejorar tu habilidad para el ajedrez.

Ahora que conoces la apertura italiana, vamos a descubrir la "Defensa siciliana".

4.3. Defensa siciliana

Para comenzar, recordemos que en la apertura italiana, el jugador con las piezas blancas inicia la partida con movimientos para prepararse y tener un buen comienzo.

En esta apertura, las piezas blancas comienzan moviendo al peón de la casilla e2, para tener control del centro del tablero desde el principio.

Ahora bien, imaginemos que la Defensa Siciliana es como una muralla que el jugador con las piezas negras intenta construir para protegerse, y contraatacar al jugador de las piezas blancas.

Entonces, la defensa siciliana es el enfoque defensivo, para responder al movimiento del jugador con las piezas blancas, que se caracteriza por los movimientos iniciales: 1.e4 c5.

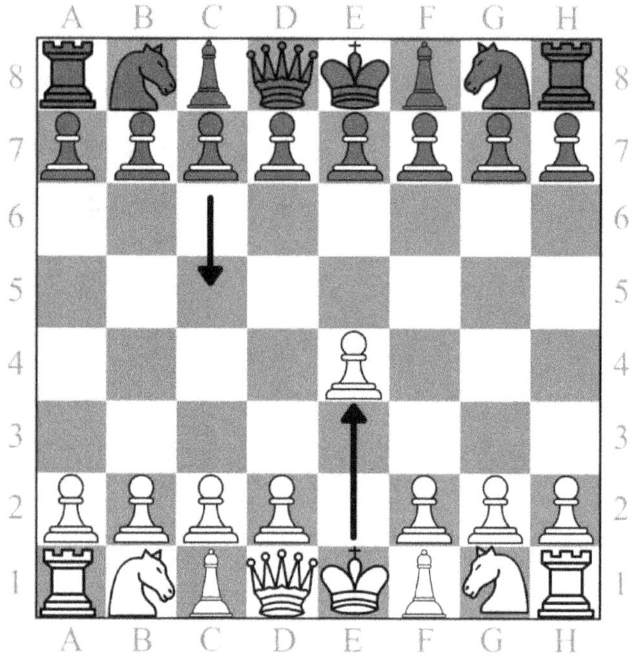

Es decir que, si el jugador de las piezas blancas comenzó la partida con 1.e4, el jugador de las piezas negras puede responder a este avance moviendo su propio peón a c5, con esto controla la casilla d4 y limita el espacio de su oponente en el centro del tablero.

A continuación, el jugador con las piezas blancas puede continuar con diferentes movimientos, como 2.Nf3 o 2.d4, y esto puede crear diversas variantes en la defensa siciliana.

Cada variante tiene sus propias estrategias y tácticas, es conveniente que, como ajedrecista las conozcas y practiques, para familiarizarte con ellas y así, mejorar tu juego.

En este capítulo aprendimos lo fundamental e importantes que son las aperturas para establecer una buena base al inicio de la partida y prepararnos para el medio juego. Conocer las aperturas y sus principios básicos te ayudará a tomar decisiones estratégicas y crear planes de juego.

Vamos a aprender nuevas tácticas para el desarrollo del juego, esta vez en la etapa intermedia del juego. Aprenderemos sobre la planificación y la estrategia en el medio juego, la creación de planes de ataque y el valor relativo de las piezas.

Capítulo 5.

Medio juego

El medio juego en el ajedrez, es una etapa crucial, ya que las piezas están desarrolladas y, cada uno de los jugadores, empiezan a formar sus planes estratégicos para alcanzar la victoria.

En este capítulo, vamos a aprender a planificar y a ejecutar movimientos durante esta fase del juego.

5.1. Planificación y estrategia en el medio juego

En la partida, para tener ventaja sobre el otro jugador, es necesario que desarrollemos una sólida estrategia y establecer planes inteligentes.

Durante este medio juego, es importante tener en cuenta varios aspectos estratégicos, estos son algunos de esos puntos clave que te ayudarán durante esta etapa de la partida:

Ocupa el centro del tablero: recuerda ocupar las casillas del corazón del tablero d4, d5, e4 y e5 para tener más espacio y mejor movilidad.

Desarrolla tus piezas: desarrolla tus piezas al principio, saca tus caballos, alfiles, torres y la reina de su casa inicial y llévalas al juego.

Protege tus piezas: evita que el oponente capture tus piezas, piensa siempre en su seguridad y procura no hacer movimientos que las hagan peligrar.

Calcula tus jugadas: piensa tus movimientos antes de hacerlos, anticipa las respuestas del oponente. Intenta visualizar varias jugadas adelante en la partida, así podrás tomar las decisiones correctas.

Controla las líneas abiertas: para tus piezas, busca columnas o filas abiertas en donde no haya peones, así les darás más poder y movilidad.

Cambia piezas con ventaja: si tienes más piezas que tu rival, podrías intercambiar algunas para estar en una mejor posición en la partida. Por ejemplo, si tienes más caballos y alfiles que tu oponente, puedes buscar oportunidades para capturar sus piezas. Al hacerlo, él tendrá menos piezas en el tablero, y te dará una ventaja numérica, pero si estás en desventaja, intenta mantenerlas en el tablero para crear más oportunidades.

Planea tus ataques: piensa en cómo vas a atacar al rey de tu oponente, busca debilidades en sus posiciones, intenta crear amenazas para darle jaque mate.

Evaluar la posición: analizaremos la posición de nuestras piezas y las del oponente para identificar puntos fuertes y débiles. Buscaremos áreas del tablero donde podamos ejercer presión y crear oportunidades para avanzar.

Crear un plan: una vez que evaluemos la posición, es hora de establecer un plan estratégico. Esto implica decidir qué parte del tablero queremos controlar, cómo desarrollaremos nuestras piezas y qué movimientos nos acercarán a nuestra meta.

Mejorar nuestras piezas: durante el medio juego, trataremos de mejorar la posición de nuestras piezas. Esto significa buscar oportunidades para reubicarlas en casillas más activas, donde tengan un mayor alcance y puedan ejercer más influencia en el juego.

Conectar las piezas: otro objetivo importante es conectar nuestras piezas. Esto implica coordinarlas de manera efectiva para trabajar en equipo y apoyarse mutuamente. Una buena coordinación entre nuestras piezas nos permitirá tener un juego más armonioso y poderoso.

El ajedrez no solo se trata de mover piezas, también se trata de pensar y tener una clara estrategia. Al planificar movimientos estratégicos y ejecutarlos en el juego medio, vas a tomar mejores decisiones y aumentarás tus posibilidades de victoria.

Ahora que hemos aprendido acerca de la planificación y estrategia en el medio juego, estás listo para descubrir la siguiente sección, continúa con la lectura y aprende sobre la creación de planes de ataque.

5.2. Creación de planes de ataque

El medio juego es el momento perfecto para desarrollar el ataque a tu oponente y poner en aprietos a su rey. Aquí hay algunas cosas que debes recordar para crear tus planes de ataque:

Observa la posición de tus piezas en el tablero: piensa cuáles son las que podrían hacer ataques más poderosos si se las mueves a ciertas casillas.

Identifica qué piezas protegen al rey enemigo: así encontrarás una oportunidad para atacarlo, ya sea al quitar o bloquear las piezas que lo protegen.

Busca debilidades en la defensa de tu adversario: fíjate si hay casillas débiles alrededor de su rey, donde no haya otras piezas que lo protejan, esas casillas pueden ser un buen objetivo para atacar.

Crea amenazas: mueve tus piezas para amenazar a las de tu oponente. Si siente que tiene a una de sus piezas en peligro, buscará una forma de protegerla o moverla.

Coordina tus piezas: intenta que tus piezas trabajen en equipo para que sean más fuertes y eficientes.

Piensa en el siguiente movimiento: al planear un ataque, prevé cómo podría responder tu oponente. Anticipa sus movimientos y piensa en cómo vas a contrarrestar sus siguientes jugadas.

Sé paciente y flexible: tus planes de ataque pueden cambiar a causa de las decisiones de tu oponente. Sé flexible y ajusta tu estrategia de ser necesario.

Cada juego es diferente, y no siempre tendrás que atacar, también tendrás que defender tus piezas y proteger a tu rey.

5.3. El valor relativo de las piezas

En esta sección vamos a descubrir cuánto valen las piezas en el ajedrez y de qué forma nos ayuda esta información a tomar decisiones estratégicas durante la partida.

En el ajedrez, cada pieza tiene un valor numérico estimado que se utiliza como guía, para evaluar la importancia de cada una en el juego, se usan para comparar y comprender la importancia relativa de las piezas durante una partida.

Es decir, esta valoración numérica es usada por cada jugador como referencia estratégica para tomar decisiones durante el juego.

El valor numérico de las piezas se basa en su capacidad de movimiento, así como en su potencial influencia en el tablero.

Tradicionalmente, se asigna el valor de:
- 1 punto al peón.
- 3 puntos al caballo.
- 3 puntos al alfil.
- 5 puntos a la torre.
- 9 puntos a la reina.

- El rey, a pesar de su importancia vital, no tiene un valor numérico asignado, ya que su captura conlleva la pérdida inmediata de la partida.

Con esta información, un jugador puede, por ejemplo, intercambiar una pieza de mayor valor por una de menor valor y lograr una ventaja posicional al capturar una pieza clave del oponente.

Sin embargo, es importante destacar que el valor numérico de las piezas no es absoluto y puede variar dependiendo del contexto de la partida.

Otros factores como la estructura de peones, la posición en el tablero y las oportunidades tácticas también podrían influir en la evaluación de una posición.

El valor numérico de las piezas en el ajedrez evalúa la importancia relativa de cada una, pero no calcula una puntuación final numérica al final del juego.

En el último capítulo vamos a descubrir estrategias y tácticas para las etapas finales del juego, en donde hay menos cantidad de piezas.

Capítulo 6.

Finales

La etapa de finales es el último tramo de una partida de ajedrez, donde las estrategias y tácticas se vuelven aún más importantes.

Es el momento en el cual el jugador necesita aprovechar al máximo sus recursos y habilidades para alcanzar la victoria.

En este capítulo, vamos a descubrir cómo llevar a cabo el mate final, que es el objetivo principal del ajedrez.

Este último capítulo está dividido en dos secciones. En la primera vamos a descubrir los finales más comunes y las técnicas clave para ganar en esta etapa del juego. En la segunda sección, conoceremos el movimiento final que asegura el triunfo: el jaque mate.

Sin más demora, aprendamos todo lo necesario sobre finales básicos.

6.1. Finales básicos

Los finales constituyen la etapa final del juego de ajedrez, para este momento quedan pocas piezas en el tablero, los reyes tienen un papel más activo en el juego y la estrategia es importante para obtener la victoria.

Algunos de los finales básicos más comunes son:

Rey contra rey: este es el final más básico, es un empate de "tablas por ahogado" o "ahogado" donde sólo quedan los dos reyes en el tablero además, en el caso de que ambos jugadores continúen la partida sin dar jaque mate, el juego se puede prolongar por 50 movimientos consecutivos hasta que se considere empate por la Regla de los 50 movimientos.

Rey y peón contra rey: en este final, tienes a tu rey y a uno de tus peones contra el rey del otro jugador. Intenta avanzar tu peón hasta la última fila y lo promueves a una pieza más poderosa, en este caso, tu rey será fundamental para proteger a tu peón de los ataques del rey contrario para asegurar su coronación.

Rey y torre contra rey: Aquí, tienes a tu rey y una de tus torres contra el rey del oponente. Usa la torre para atacar al rey oponente, así lo puedes forzar a ubicarse en posiciones desfavorables, en este caso, la cooperación entre tu rey y tu torre es esencial para lograr el mate.

Rey y reina contra rey: en este final, tienes a tu rey y a tu reina contra el rey enemigo. La reina es una pieza poderosa, utiliza su poder para acorralar al rey oponente y busca el mate.

Rey y alfil contra rey: en este final, tienes a tu rey y a uno de tus alfiles contra el rey del oponente. Utiliza la movilidad de tu alfil para limitar los movimientos del rey enemigo y busca el mate.

Hay otros finales básicos posibles en el ajedrez, tales como:

Rey y Peón contra Rey

Rey y Torre contra Rey

Rey y Dama contra Rey

Rey y Alfil contra Rey

Rey y Caballo contra Rey

Rey y dos Caballos contra Rey

Rey y dos Alfiles contra Rey

Rey y dos Torres contra Rey

Rey y Torre contra Rey y Alfil

Rey y Torre contra Rey y Caballo

Rey y Torre contra Rey y dos Caballos

Rey y Torre contra Rey y dos Alfiles

Rey y Dama contra Rey y Alfil

Rey y Dama contra Rey y Caballo

Rey y Dama contra Rey y dos Caballos

Rey y Dama contra Rey y dos Alfiles

Estos son algunos ejemplos de los finales básicos posibles en el ajedrez. Cada uno presenta retos estratégicos y tácticos únicos, intenta practicarlos y diseña una buena estrategia para ganar en cada uno de ellos.

Recuerda que en los finales, cada movimiento es crucial y la paciencia y la estrategia son fundamentales.

Ahora es momento de continuar con la sección Jaque Mate. En esta parte, aprenderemos cómo dar el movimiento final para asegurar nuestra victoria en la partida.

¡Continúa leyendo y descubrirás cómo ganar una partida de ajedrez!

6.2. El jaque mate·

El jaque mate ocurre cuando el rey de un jugador está ubicado en una posición de la que no puede moverse, ni escapar de ser capturado en el próximo movimiento. Cuando esto ocurre, termina el juego y el jugador que logra dar el jaque mate es el ganador.

Para entender esta jugada, es importante conocer cómo se mueve el rey y cómo se utilizan las demás piezas para atraparlo. Aquí hay algunas movidas clave que debes saber:

Movimiento del rey: el rey se puede mover una casilla a la vez en cualquier dirección, se mueve hacia adelante, hacia atrás, hacia los lados o en diagonal, sin embargo, el rey no se puede mover a una casilla que esté amenazada por una pieza del oponente.

Piezas que pueden dar jaque mate: varias piezas pueden colaborar para dar jaque mate al rey contrario, la reina, la torre, los alfiles y los caballos, son las más efectivas para lograrlo.

Bloqueo de escape: intenta bloquear las posibles casillas de escape del rey de tu rival. Esto se logra interponiendo tus propias piezas o capturando a las piezas del oponente que podrían tanto defenderlo.

Ataques dobles: una táctica común para dar jaque mate es realizar un ataque doble, donde dos de tus piezas trabajan en conjunto para amenazar al rey de tu oponente desde diferentes direcciones, dejándolo sin opciones de escape.

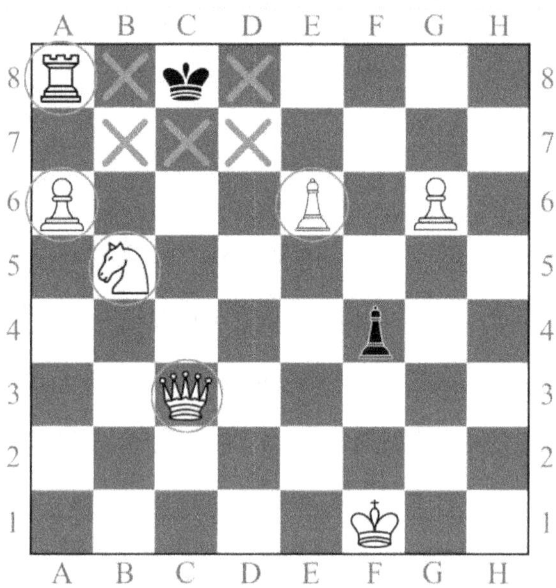

Recuerda que lograr un jaque mate requiere de una buena planificación y estrategia, piensa con cuidado cada movimiento y anticipa las posibles respuestas del oponente.

En este capítulo hemos descubierto los momentos finales del juego de ajedrez. descubrimos los finales básicos y conocimos un poco más sobre el jaque mate.

Con esto sólo me queda felicitarte por haber llegado al final del libro y haber fortalecido tus habilidades estratégicas y tácticas para enfrentar el desafío del juego hasta el último movimiento.

Conclusión

¡Felicidades, pequeño genio! Ahora tienes un valioso tesoro de conocimientos sobre el ajedrez.

Con este libro hemos descubierto las reglas básicas del ajedrez, cómo mover cada pieza en el tablero y las estrategias para ganar.

Aprendimos sobre las aperturas, las tácticas y los finales, así como la importancia de planificar y tomar decisiones estratégicas.

El ajedrez es más que un simple juego, es una poderosa herramienta para desarrollar habilidades como el pensamiento lógico, la concentración, la toma de decisiones y la creatividad. Al jugarlo, ejercitas tu mente y te conviertes en un estratega.

Sigue practicando y jugando con amigos, familiares o en torneos. A medida que sigas aprendiendo y jugando, te convertirás en un verdadero maestro.

Recuerda que la aventura del adedrez nunca termina. Siempre habrá más por aprender y más partidas por jugar.

Recomendaciones para padres y maestros

A los padres y maestros de los pequeños genios del ajedrez, quiero darles las siguientes recomendaciones:

Motivar el interés continuo: Anima a tu hijo o alumno a descubrir el ajedrez, incluso si ya leyó este libro. Apóyalo para que siga jugando y practicando.

Jueguen juntos: Jugar ajedrez con tu hijo o alumno, con esto podrá practicar lo aprendido y va a fortalecer sus habilidades estratégicas.

Establecer desafíos: Proponle a tu hijo o alumno desafíos de ajedrez, como resolver problemas tácticos, buscar combinaciones o incluso jugar partidas cronometradas, así vas a motivar su progreso, esto lo ayudará a consolidar lo aprendido y a mejorar sus habilidades.

Fomentar el juego limpio y el respeto: Enseña a tu hijo o alumno sobre la importancia de jugar limpio, respetar las reglas y mostrar respeto hacia el oponente. El ajedrez es una valiosa oportunidad para desarrollar valores.

Apoyar la participación en torneos y competencias: Anima a tu hijo o alumno a participar en torneos locales o competencias escolares de ajedrez, esto les brindará experiencia real de juego, podrá conocer a otros jugadores y los motivará a seguir mejorando.

Celebrar los logros: Reconoce y celebra los logros de tu hijo o alumno en el ajedrez. Puede ser una victoria en un torneo, una solución acertada de un problema táctico o su dedicación y esfuerzo por mejorar. Esto lo motivará y fortalecerá su confianza.

Fomentar el compañerismo: Anima a tu hijo o alumno a compartir sus conocimientos de ajedrez con otros niños, podrá enseñarles movimientos básicos, también resolver problemas juntos o incluso organizar partidas amistosas. Esto va a fomentar en él tanto la colaboración, como el compañerismo.

El ajedrez, además de ser un juego, es una poderosa herramienta educativa. Con tu apoyo y motivación, ayudarás a tu hijo o alumno a desarrollar habilidades cognitivas, estratégicas y emocionales útiles en cada aspecto de su vida.

¡Sigue apoyando a los pequeños genios del ajedrez en su viaje hacia la grandeza!

Enlace a curso gratuito de ajedrez para niños

Tu ayuda significa mucho

Si te gustó este libro, una de las mejores cosas que puedes hacer por mí sería dejar una reseña en el sitio web donde lo compraste. No te llevará mucho tiempo, pero sería genial si pudieras dedicarme esos minutos.

Si le das a mi obra una valoración alta, la verá más gente y, a su vez, mejorará su vida, salud mental y felicidad.

Que esta aventura esté llena de diversión y sabiduría para ti,

Pavel Ganchev.

www.ingramcontent.com/pod-product-compliance
Lightning Source LLC
Chambersburg PA
CBHW071552120726
48009CB00001B/22